CHÈRE,

Que le Tout-Puissant vous bénisse, vous et votre famille, de sa bénédiction.

Qu'est-ce que la Religion?
Publié par Éditions Hidayah

ISBN: 978-1-998843-05-3

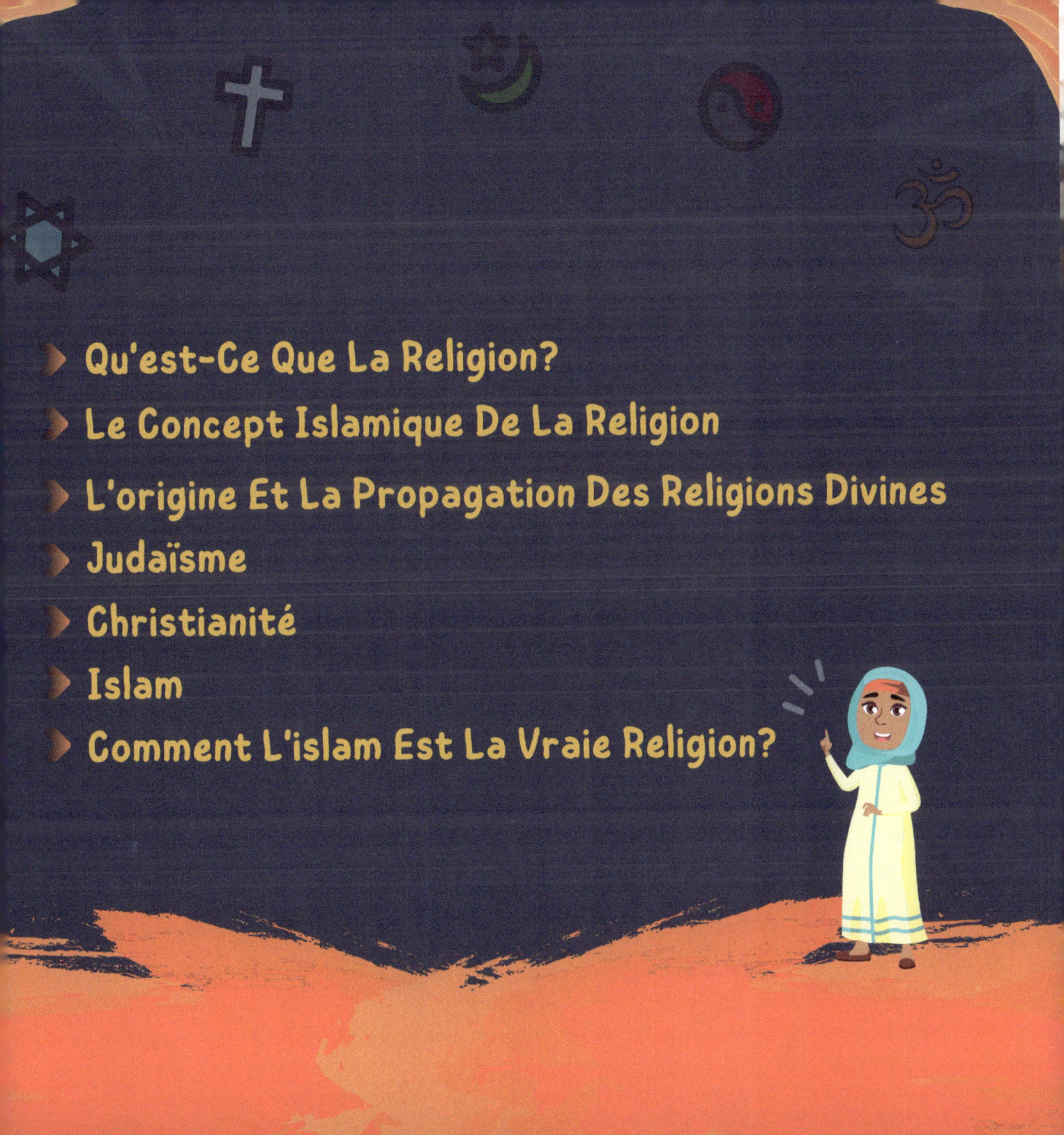

QU'EST-CE QUE LA RELIGION?

Selon l'Encyclopedia Britannica, la religion est la relation des êtres humains à ce qu'ils considèrent comme saint, sacré, absolu, spirituel, divin ou digne d'un respect particulier. Elle est aussi communément considérée comme la façon dont les gens traitent les préoccupations ultimes concernant leur vie et leur destin après la mort. Les croyants et les adorateurs participent à des pratiques religieuses, telles que la prière ou des rituels particuliers, et y sont souvent contraints. Le culte, la conduite morale, la croyance juste et la participation aux institutions religieuses font partie des éléments constitutifs de la vie religieuse.

Du point de vue des sciences religieuses, certains facteurs communs à toutes les religions peuvent être mentionnés comme suit:

- Croyance en des créatures surnaturelles (comme Dieu, les anges, les djinns et les créatures spirituelles)
- Séparation du sacré et du banal
- Culte, rituels et cérémonies
- Traditions écrites ou non écrites (livre sacré, code moral des lois)
- Émotions liées aux êtres surnaturels et au sacré (comme la peur, la confiance, les secrets, le péché, l'adoration, la dévotion)

- Connexion avec le surhomme (par des moyens tels que la révélation, les prophètes, la prière, la supplication et l'inspiration)
- Vue sur ce monde et l'homme, et la vie et l'après-vie
- Ordre de vie
- Groupe social (communauté) et appartenance à un groupe

LE CONCEPT ISLAMIQUE DE LA RELIGION

Toutes les branches de la connaissance liées à la religion ont défini la religion selon leur propre perspective. En décrivant la religion, les érudits musulmans ont expliqué la vraie religion comme suit : "La religion est une loi divine qui permet aux personnes douées d'intelligence d'atteindre la bonté et le bonheur dans ce monde et dans le prochain avec leur propre désir."

Le mot "loi" nous montre qu'une fois que nous avons déclaré notre foi, les principes de la religion doivent être mis en œuvre dans nos vies comme des règles définies et que la négligence sera prise en considération lors du jugement divin. Pour l'adepte, la religion est un système vivant dont les lois doivent compléter la capacité de la vie quotidienne d'un individu et dont les résultats doivent être visibles dans tous les aspects de la vie.

Selon l'Islam, seul le système envoyé par Allah[S.W.T] via ses Prophètes[A.S] est la vraie religion. De cette façon, la soumission de l'homme à l'homme a été empêchée, et il a été établi que tous les gens sont égaux devant Allah et que la supériorité ne réside que dans la piété de l'adepte.

En résumé, la religion est le nom général de la loi divine, de l'ordre et de la voie révélés par Allah[S.W.T.] à ses prophètes, qui annoncent et diffusent ensuite le message à la nation, afin de renforcer la relation entre Allah[S.W.T.] et ses serviteurs.

L'ORIGINE ET LA PROPAGATION DES RELIGIONS DIVINES

La foi islamique nous dit que la seule source divine de toutes les religions révélées est Allah(S.W.T.) à travers ses prophètes et messagers choisis. Chaque religion manifeste une vérité fondamentale, à savoir qu'il n'y a pas d'autre Dieu qu'Allah, et qu'il est le seul à être adoré ; mais les lois et les obligations peuvent être différentes selon les besoins et les capacités intellectuelles des humains de cette période, de cet âge ou de cette race. Les prophètes choisis étaient toujours issus de la communauté de leur résidence afin de prouver leur crédibilité et de s'assurer que les directives divines étaient perçues et exécutées correctement. Toutes les religions venaient d'Allah(S.W.T.), et tant qu'elles maintenaient leur perfection, elles restaient légitimes. En outre, lorsque le moment de la disparition d'un Prophète était proche, il guidait toujours ses compagnons à avoir foi en le Tawhid et à attendre le prochain Prophète.

"Ô hommes ! Nous vous avons créés d'un mâle et d'une femelle. Nous avons fait de vous des nations et des tribus pour que vous vous connaissiez entre vous. Le plus digne d'entre vous, auprès d'Allah, est le plus pieux. Allah est Omniscient et parfaitement Informé." (Surah Al-Hujurat, 13)

La méthode divine d'Allah(S.W.T) pour envoyer ses Prophètes à une communauté, est toujours alignée sur leur capacité mentale et leurs désirs. De même, les miracles accordés aux Prophètes sont l'attribut le plus puissant auprès de la population pour éradiquer les pratiques pécheresses qui y sont ancrées. Par exemple,

- À l'époque du Prophète Yusuf(A.S), la beauté avait une grande importance. La beauté d'un individu inspirait les gens. Une autre chose qui était importante est la capacité d'interpréter correctement les rêves. Allah(S.W.T) a donc fait du Prophète Yusuf(A.S) la plus belle personne et lui a donné la connaissance de l'interprétation des rêves.

- La nation du Prophète Musa(A.S) excellait dans la magie, ainsi le bâton était l'un des miracles donnés au Prophète Musa(A.S). Grâce à ce bâton, il a vaincu les magiciens de Pharaon, a extrait l'eau du rocher et s'est frayé un chemin vers la mer avec la permission d'Allah le Tout-Puissant afin de sauver les croyants.

- Allah(S.W.T) a donné au Prophète Sulaiman(A.S) un immense royaume, non seulement en termes de terres mais aussi en contrôlant les djinns, les animaux, les vents et les êtres humains.

- De même, le peuple du Prophète Isa(A.S) excellait en médecine, ainsi le Prophète Isa(A.S) a guéri les incurables, les aveugles et les lépreux, et a donné la vie aux morts par la permission d'Allah le Tout-Puissant.

- Les Arabes excellaient dans la poésie et la rhétorique, c'est pourquoi Allah le Tout-Puissant a révélé le Coran au Prophète Muhammad ﷺ. C'est un miracle que les Arabes n'aient pas été capables de composer ne serait-ce qu'un seul verset comme celui-ci. Le saint prophète ﷺ a fait preuve de nombreux miracles pour prêcher l'islam aux Arabes.

Ce système d'Allah(S.W.T) a commencé par le Prophète Adam(A.S) (le premier être humain sur Terre) et s'est terminé par le dernier Prophète, le Prophète Muhammad ﷺ, avec la religion de l'Islam, qui vérifie tous les Prophètes précédents et leurs religions. Dans le monde d'aujourd'hui, trois grandes oumma (nations) sont présentes en tant qu'adeptes des religions, dont les Prophètes sont les descendants du Prophète Ibrahim/Abraham(A.S). Ces religions abrahamiques sont le judaïsme, le christianisme et l'islam, dont les adeptes sont appelés juifs, chrétiens et musulmans. Bien qu'il existe plusieurs factions et écoles de pensée dans chaque religion, leurs croyances fondamentales sont les mêmes.

Les religions Abrahamiques sont toutes fondées sur le monothéisme (croyance en un Dieu unique) et l'Islam les appelle "les gens du Livre" parce qu'ils suivent tous un Livre divin comme guide dans leurs affaires religieuses.

ATHÉISME ET POLYTHÉISME

Les autres religions et croyances dont les adeptes sont nombreux dans le monde moderne sont les suivantes :

- Athée ; idée d'athéisme, c'est-à-dire d'absence d'autorité divine, acceptée par le taoïsme, le bouddhisme et l'athéisme.

- Hindouisme ; l'hindouisme est la seule grande religion dont les adeptes croient au polythéisme, c'est-à-dire à l'adoration de plusieurs dieux.

JUDAÏSME

JUDAÏSME

ORIGINE

Le judaïsme est né dans l'ancien Israël il y a environ 4 000 ans. Dans cette région, le Prophète Ibrahim[(A.S)] a été le premier à déclarer qu'il n'y a qu'un seul vrai Dieu. Des siècles plus tard, le Prophète Musa[(A.S)] a fait sortir le peuple juif de l'esclavage en Égypte, ce qui a constitué un moment décisif pour le judaïsme.

LIVRE

On attribue au Prophète Musa[(A.S)] la révélation de la Torah, les textes sacrés juifs, qui se compose des cinq livres de Moïse (Prophète Moussa[(A.S)]).

CROYANCES

Les adeptes du judaïsme sont monothéistes et croient qu'il n'y a qu'un seul vrai Dieu. Israël est la terre sacrée du peuple juif, et elle est considérée comme un don de Dieu aux enfants d'Israël. Selon la Torah, les croyants juifs doivent vivre une vie d'obéissance à Dieu, car la vie elle-même est un don accordé par Dieu à ses disciples (Sanders, 2009). Les adeptes du judaïsme vivent conformément aux dix commandements révélés au prophète Moussa[(A.S)] par Allah[(S.W.T)] sur le mont Sinaï. Ces commandements décrivent les instructions sur la façon de vivre la vie selon Dieu.

RITUELS ET PRATIQUES

Le judaïsme comporte de nombreux rituels et pratiques que les adeptes de la foi accomplissent. Le peuple juif a des lois alimentaires strictes qui trouvent leur origine dans la Torah, appelées lois kasher. Le but de ces lois n'est pas un souci de santé mais de sainteté. Parmi les aliments interdits, citons la viande de porc, de lièvre, de chameau et d'autruche, ainsi que les fruits de mer de type crustacés et mollusques. De plus, certains groupes d'aliments sont interdits de consommation lorsqu'ils sont combinés, comme la viande et les produits laitiers (Tieman & Hassan, 2015).

Les adeptes juifs effectuent également de multiples prières chaque jour, réaffirmant et démontrant leur amour réciproque avec Dieu. Dans le monde moderne, la majorité des Juifs vivent aux États-Unis et en Israël.

CHRISTIANITÉ

CHRISTIANITÉ

ORIGINE

Le christianisme a débuté aux environs de 35 de notre ère - c'est-à-dire à la date de la crucifixion - dans la région du Moyen-Orient connue aujourd'hui sous le nom d'Israël. Le christianisme est né de la reconnaissance de la sainteté du Prophète Isa/Jésus[(A.S)]. Insatisfait de l'altération du judaïsme, il a pris sur lui de rechercher un lien plus fort avec la parole de Dieu telle que définie par les prophètes précédents. Ainsi, le christianisme s'est initialement développé comme une secte du judaïsme. Il s'est transformé en une religion distincte à mesure que Jésus a gagné la confiance de ceux qui croyaient qu'il était le fils de Dieu. La crucifixion de Jésus a été le premier des nombreux tests de foi des chrétiens (Guy, 2004). Cependant, selon la croyance islamique, le prophète Isa (a.s) était l'un des prophètes d'Allah, et non un fils de Dieu. Il n'a pas été crucifié mais élevé dans les cieux, pour revenir près du Jour du Jugement pour éliminer toutes les fausses croyances.

Une division est apparue au sein du christianisme entre l'orthodoxie orientale et le catholicisme romain avec la division de l'Empire romain en Est et Ouest. Pendant la Réforme protestante, une deuxième division s'est produite lorsque des sectes protestantes sont apparues pour contester l'autorité de l'Église catholique et de la papauté en tant qu'intermédiaires entre Dieu et les croyants chrétiens.

CROYANCES

Au fond, être chrétien, c'est croire en la trinité du père, du fils et du Saint-Esprit comme un seul Dieu : Le Dieu de l'amour. Par amour pour l'humanité, Dieu a permis que son fils unique soit sacrifié lors de la crucifixion pour compenser leurs péchés. Les chrétiens sont exhortés à aimer Dieu et à aimer leurs voisins et leurs ennemis "comme eux-mêmes". Ils croient en l'amour de Dieu pour toutes choses, ont la foi que Dieu veille sur eux à tout moment et que Jésus, le fils de Dieu, reviendra lorsque le monde sera prêt. Jésus est l'exemple de la religion, il montre comment être un bon chrétien. Dans la foi chrétienne, la théodicée, ou la manière dont le christianisme explique pourquoi Dieu permet que de mauvaises choses arrivent à de bonnes personnes, est démontrée par la foi en Jésus. Si les croyants suivent les traces de Jésus, ils auront accès au paradis. Les événements malheureux sont des actes de Dieu qui mettent à l'épreuve la foi de ses disciples. Par conséquent, en gardant la foi en l'amour de Dieu, les chrétiens sont capables de poursuivre leur vie lorsqu'ils sont confrontés à la tragédie, à l'injustice et à la souffrance.

LIVRE

La Bible chrétienne se compose de l'Ancien Testament et du Nouveau Testament. L'Ancien Testament date de centaines d'années avant l'heure du Christ. Le Nouveau Testament date de l'heure du Christ, ou de centaines d'années à partir de ce moment-là. Les livres essentiels de la Bible pour les chrétiens sont les Évangiles.

RITUELS ET PRATIQUES

Il existe de nombreux rituels et pratiques qui sont au cœur du christianisme, connus sous le nom de sacrements. Par exemple, le sacrement du baptême implique le lavage littéral de la personne avec de l'eau pour représenter la purification de ses péchés. Aujourd'hui, le rituel du baptême est devenu moins courant ; cependant, historiquement, le processus du baptême était considéré comme un rite intégral afin de baptiser l'individu et d'effacer son péché ancestral ou originel (Hanegraaff, 2009). Les autres sacrements comprennent l'Eucharistie (ou communion), la confirmation, la pénitence, l'onction des malades, le mariage et les ordres sacrés (ou ordination). Cependant, toutes les sectes du christianisme ne les suivent pas.

L'une des qualités et pratiques fondamentales du christianisme est la prise en charge des pauvres et des défavorisés. Jésus, lui-même pauvre, a nourri et nourri les pauvres, démontrant ainsi son souci de tous, et est donc considéré comme l'exemple de la moralité (Dunn, 2003). Les églises chrétiennes sont souvent des institutions qui montrent comment suivre Jésus, en gérant des organisations caritatives et des banques alimentaires, et en hébergeant les sans-abri et les malades.

ISLAM

ISLAM

ORIGINE

Originaire d'Arabie, l'islam est une religion monothéiste qui s'est développée vers 600 de notre ère. À cette époque, la société de la Mecque était en pleine effervescence. Le lieu de naissance du Prophète Muhammad ﷺ était La Mecque. Il était issu du clan Banu Hashim de la tribu Quraish et est un descendant du fils du Prophète Ibrahim(A.S), le Prophète Ismaël(A.S). Entre le Prophète Musa(A.S) et le Prophète Isa(A.S), tous les Prophètes sont de Bani Israël, c'est-à-dire qu'ils sont les descendants du Prophète Yaqoob(A.S), et il n'y avait aucun Prophète entre le Prophète Ismaël(A.S) et le Prophète Muhammadﷺ. Le Prophète Muhammad ﷺ a reçu les versets du Coran directement de l'Ange Jibrael(A.S) pendant une période de prière isolée sur le Mont Hira. Après d'immenses luttes et après avoir prêché l'islam pendant vingt-trois ans, il a développé une suite de personnes qui ont fini par unir l'Arabie en un seul État et une seule foi contre les païens polythéistes. Les adeptes de la foi islamique sont appelés "musulmans".

LIVRE

Le Coran est le texte religieux central de l'islam, que les musulmans considèrent comme une révélation d'un Dieu unique, Allah^(S.W.T). Il est largement considéré comme la plus belle œuvre de la littérature arabe classique et est organisé en 114 sourates (chapitres), composées de "ayats" (versets). Les musulmans croient que le Coran a été révélé oralement par Allah^(S.W.T) au dernier prophète, le prophète Muhammad ﷺ, par l'intermédiaire de l'ange Jibrael^(A.S), progressivement sur une période de 23 ans, à partir du mois de Ramadan. Les musulmans considèrent le Coran comme le miracle le plus crucial du Prophète, une preuve de sa prophétie et la conclusion d'une série de messages divins précédemment révélés aux Prophètes, notamment la Tawrah (Torah), le Zabur ("Psaumes") et l'Injil ("Évangile/Bible"). Le Coran se décrit comme Al-Kitab (le livre), Al-Furqan (le discernement), Umm al-Kitab (le livre mère), Al-Huda (le guide), Al-hikmah (la sagesse), Dhikr (le souvenir) et Tanzil (la révélation ; quelque chose d'envoyé).

CROYANCES

Les six croyances de l'islam sont les croyances fondamentales que tout musulman considère comme vraies.

- Tawhid - Croyance en l'unicité d'Allah
- Malaika - Croyance en l'existence des anges d'Allah
- Croyance dans les livres saints d'Allah: Zabur, Torah, Évangile/Bible, et le Coran
- Nubuwwah and Risalah - Croyance en tous les prophètes d'Allah, du Prophète Adam[(A.S)] au Prophète Mohammed ﷺ.
- La croyance dans le jour du jugement; un jour viendra où tous les humains qui ont jamais existé seront jugés par Allah sur leurs actions dans leur vie sur terre.
- Croyance en la prédestination (destin/décret divin) - l'idée qu'Allah sait tout.

RITUELS ET PRATIQUES

L'Islam définit cinq piliers qui doivent être respectés pour devenir un musulman pratique :

1. Shahadah ; qui affirme qu'il n'y a pas d'autre Dieu qu'Allah, et Le Prophète Muhammad ﷺ est le serviteur et le messager soumis de Dieu.

2. Salah; Prière cinq fois par jour

3. Zakah; Fournir une aide financière pour soutenir les musulmans pauvres

4. Fasting; La participation au jeûne du mois de Ramadan, le 9ème mois du calendrier islamique

5. Hajj; accomplissement du pèlerinage à La Mecque au moins une fois dans sa vie, si l'on peut se le permettre

COMMENT L'ISLAM EST LA VRAIE RELIGION?

A ce jour, nous avons appris que les religions abrahamiques se sont propagées avec le temps, et que de nombreux prophètes sont venus délivrer le même message fondamental du Tawhid. Mais la question se pose de savoir pourquoi cela s'est arrêté sur l'Islam et pourquoi Allah(S.W.T) a mis fin à cette chaîne de prophétie sur le Prophète Muhammad ﷺ.

Tout d'abord, nous devons comprendre pourquoi le besoin de nouveaux messagers et prophètes s'est fait sentir alors que leur message était le même ? Quelle est la raison principale de la révélation d'une religion nouvelle mais similaire ?

La réponse la plus significative à cette question est la "falsification de la vérité" par la nation. Depuis la disparition du Prophète jusqu'à l'avènement du Prophète suivant, la vérité divine a finalement été corrompue par les gens pour leurs gains mondains. Auparavant, le devoir de garder la vérité était confié à l'oumma du Prophète, mais ce n'est pas le cas pour l'Islam.

Premièrement, Allah(S.W.T) a pris la responsabilité de protéger l'originalité du Coran jusqu'au Jour du Jugement. C'est la preuve vivante qu'après plus de mille quatre cents ans de sa révélation, le texte du Coran est toujours le même qu'avant. Deuxièmement, la vie du dernier Messager, le Prophète Muhammad ﷺ, est un guide pour toute l'humanité à venir jusqu'au Jour du Jugement. Le Saint Prophète ﷺ a passé toute sa vie comme un homme ordinaire, mais ses enseignements et ses décisions sont un monument à suivre dans toutes les dimensions de la vie. Comme Allah(S.W.T) l'a dit dans le Coran,

"Vous avez dans le Messager d'Allah un bel exemple (à suivre) par quiconque espère en Allah et au Jour Dernier, et qui souvent évoque Allah."
(Surah Al-Ahzab, 21)

Pour qu'une religion soit compatible avec le monde contemporain, ses enseignements et ses lois doivent être valables et compréhensibles par tous. L'Islam brille dans tous les aspects du monde d'aujourd'hui. De toutes les religions, l'islam est la seule à être soumise à l'ensemble de la structure sociale au lieu d'être confinée au sujet de la religion. La charia islamique, qui se fonde sur les enseignements du Coran et les traditions du prophète Mahomet (Hadith et Sunna), ne se limite pas à la religion. Elle enseigne également comment établir des relations publiques, des relations politiques, la justice, l'administration, l'armée, le mariage, le divorce, la paix, la guerre, les dettes, les intérêts, la charité, etc. qui sont considérés comme aussi nécessaires que l'obligation des règles religieuses. L'Islam est une religion pour tous, il est la manifestation la plus complète de la vérité et fournit un chemin droit et un équilibre parfait.

Après une comparaison minutieuse de l'Islam avec d'autres religions, nous apprendrons que le monde a également souffert de l'unilatéralité de nombreuses religions et idéologies. Certaines ont mis l'accent sur le côté matériel de la vie et ont ignoré les aspects spirituels, tandis que d'autres ont vu le monde comme une illusion, une tromperie et un piège. L'Islam, cependant, a un point de vue différent ; il brouille la ligne entre les désirs matériels/mondains et les obligations morales/spirituelles. L'Islam ne nous interdit pas de manger des aliments délicieux ; il nous interdit un nombre limité d'aliments haram et nous permet de profiter de tous les autres aliments halal. Il n'oblige pas les gens à rester célibataires pour atteindre un statut spirituel élevé ; au contraire, il est hautement souhaitable dans l'Islam de se marier et de profiter de la vie de famille et des autres relations. Le cœur de l'islam enseigne que les pouvoirs moraux et matériels doivent se conjuguer pour renforcer la foi. Le salut spirituel peut être atteint en utilisant les ressources matérielles pour le bien de l'humanité et non en menant une vie d'abnégation ou en fuyant les joies de ce monde.

Ainsi, les caractéristiques exceptionnelles de l'islam en font la religion de l'humanité, la religion d'aujourd'hui et la religion de demain. L'Islam est en train de devenir la religion qui connaît la plus forte croissance dans le monde.

Ces aspects ont conquis le cœur de centaines de milliers de personnes dans le passé et le présent et leur ont fait affirmer que l'Islam est la religion de la vérité et le chemin droit pour l'humanité et continuera à les fasciner à l'avenir. Notre seul devoir est d'étudier l'Islam et d'appliquer ses enseignements dans nos vies, car c'est la seule façon de connaître la vérité de cet Univers.

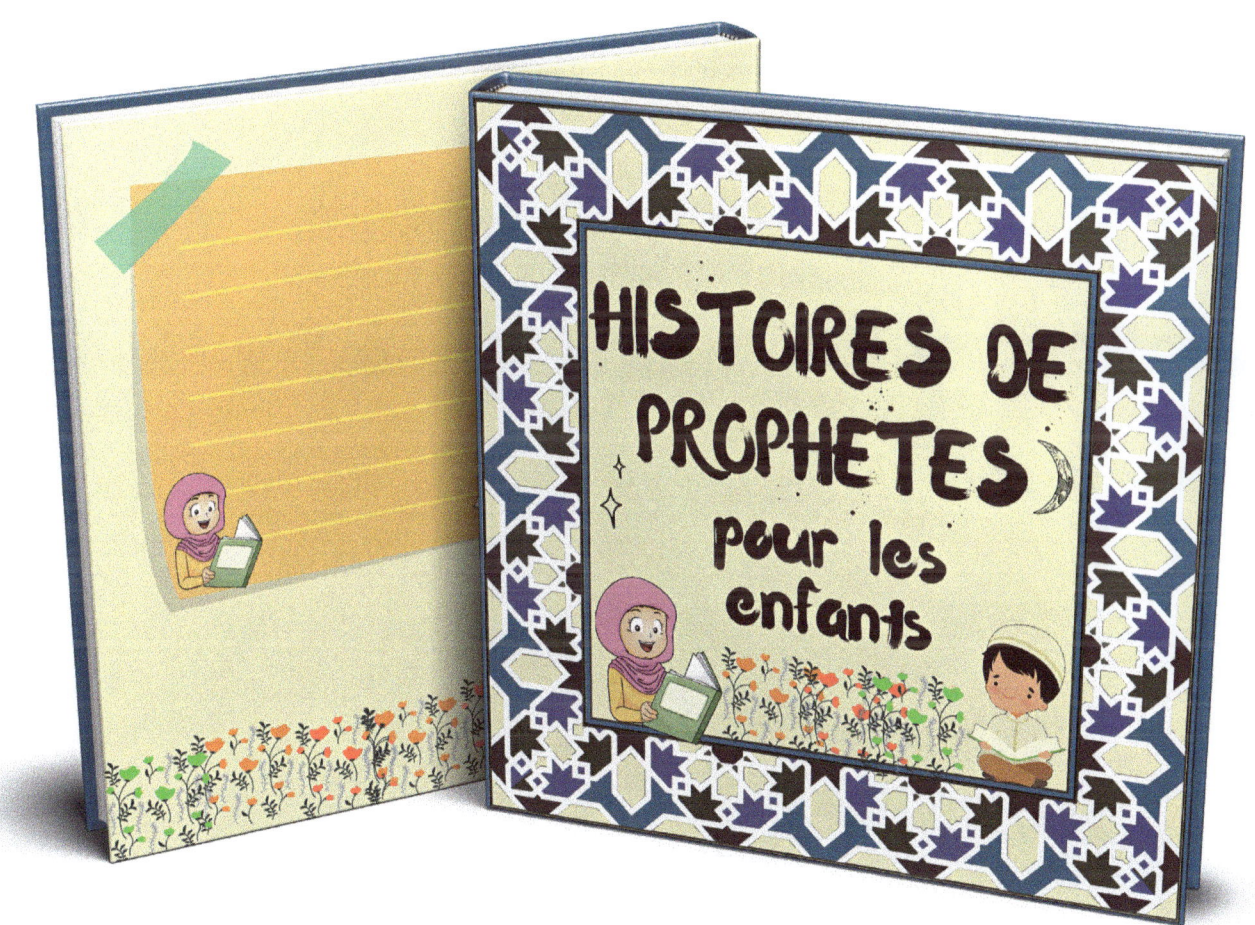

ISBN 978-1-990544-51-4

*Recherche de l'ISBN sur le site web du détaillant

Pages Couleur Premium Couverture Rigide

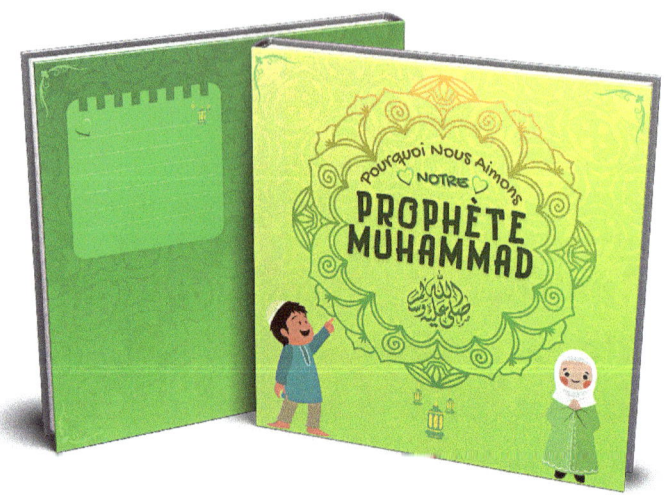

ISBN 978-1-990544-53-8

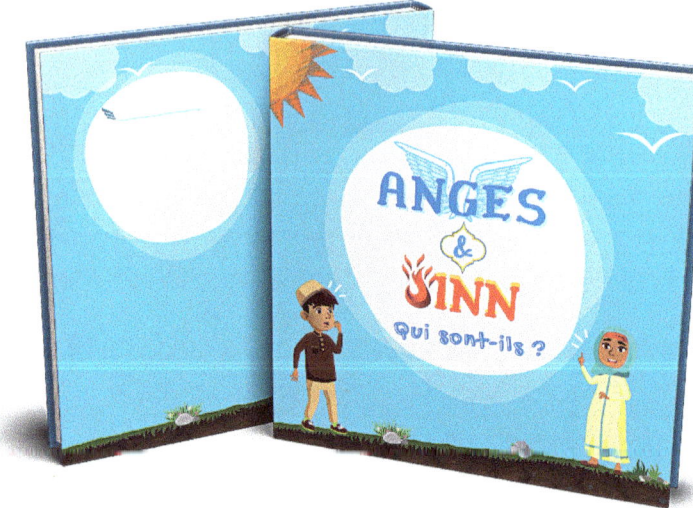

ISBN 978-1-990544-52-1

ISBN 978-1-990544-54-5

ISBN 978-1-990544-55-2

*Suche nach der ISBN auf der Website des Händlers

www.ingramcontent.com/pod-product-compliance
Lightning Source LLC
Chambersburg PA
CBHW041530120626
46551CB00018B/2632